# BEI GRIN MACHT SICH IHR WISSEN BEZAHLT

AF140350

- Wir veröffentlichen Ihre Hausarbeit, Bachelor- und Masterarbeit

- Ihr eigenes eBook und Buch - weltweit in allen wichtigen Shops

- Verdienen Sie an jedem Verkauf

## Jetzt bei www.GRIN.com hochladen und kostenlos publizieren

**Bibliografische Information der Deutschen Nationalbibliothek:**

Die Deutsche Bibliothek verzeichnet diese Publikation in der Deutschen National-
bibliografie; detaillierte bibliografische Daten sind im Internet über http://dnb.d-
nb.de/ abrufbar.

**Impressum:**

Copyright © 2018 GRIN Verlag
Druck und Bindung: Books on Demand GmbH, Norderstedt Germany
ISBN: 9783668875173

**Dieses Buch bei GRIN:**

https://www.grin.com/document/452468

Michael Gehrmann

# Zur Programmierung eines Warenkorbs in der Programmiersprache JAVA

## Die ökonomische Bedeutung von E-Commerce-Systemen

GRIN Verlag

Michael Gehrmann


Modul Programmieren In Java (JAV40)


Warenkorb

# Gliederung

# 1. Einleitung

In den letzten 10 Jahren hat ein bestimmter Teil der Ökonomie einen starken Zuwachs erlebt: der Austausch von Waren und Dienstleistungen durch Nutzung elektronischer Informations- und Kommunikationssysteme. Für diesen Austausch hat sich die Bezeichnung Electronic Business (E-Business) eingebürgert[1].

Dieser Bereich umfasst sowohl den Austausch zwischen Unternehmen (B2B) als auch zwischen Unternehmen und privaten Kunden (B2C). Insbesondere für diesen zweiten Bereich werden in den meisten Fällen standardisierte E-Commerce Systeme eingesetzt. Kernstück dieser Systeme ist ein elektronischer Warenkorb.

## 1.1 Problemstellung

E-Commerce Systeme können auf verschiedenen Ebenen betrachtet werden: diese sogenannten Sichten ermöglichen eine Modellierung komplexer betriebswirtscher Prozesse nach verschiedenen Kriterien. Bei der Modellierung geht es um eine vereinfachte Darstellung, die sich auf die Betrachtung bestimmter Sachverhalte konzentriert[2]. Dabei kann sowohl die organisatorische Sicht vorherrschen, aber auch die informationstechnische Sicht im Fokus stehen. Ein häufig praktiziertes Vorgehen beginnt mit der Entwicklung eines Fachkonzeptes, aus dem das DV-Konzept abgeleitet wird, das wiederum zur Grundlage der Implementierung gemacht wird[3].

Der Kern dieser Ausarbeitung wird die Programmierung eines modellmäßigen Warenkorbes in der Programmiersprache JAVA sein. Dazu gehören die Erörterung der relevanten JAVA-Programmelemente wie auch die Konzeption der notwendigen Klassen und Methoden. Grundlage der Programmierung wird die Skizzierung des DV-Konzeptes sein, das wiederum auf einer standardisierten Beschreibungssprache beruht. Im Anschluss werden Erweiterungen des Konzeptes erörtert, aber auch alternative Vorgehensmodelle skizziert.

---

[1] Abts, Dietmar/ Mülder, Wilhelm (2017), Kapitel 10.1.1
[2] Hansen, Hans Robert/ Mendling, Jan/ Neumann, Gustaf (2015), Kapitel 3.1
[3] Hansen, Hans Robert/ Mendling, Jan/ Neumann, Gustaf (2015), Kapitel 3.3

## 1.2 Zielsystem

Ausgangspunkt einer Softwareentwicklung ist die Anforderungsspezifikation. Basis dieser Spezifikation ist die Aufgabenstellung meines Assignments. Da die Umsetzung in der Programmiersprache JAVA erfolgen soll, werden im ersten Schritt die notwendigen Klassen konstruiert. Dafür wird die UML-Notation des Klassendiagramms genutzt. Im zweiten Schritt erfolgt die Implementierung durch die Programmerstellung. Dafür wird eine Integrierte Entwicklungsumgebung (IDE) genutzt. Im letzten Schritt erfolgt ein Test des Programms durch den Einsatz spezifischer Einsatzfälle. Wichtig ist auch die Abgrenzung des Gestaltungsfeldes: die Modellierung des Warenkorbes ist (nur) ein Ausschnitt aus dem Gesamtsystem E-Commerce. Betrachtet wird lediglich ein Teilsystem.

## 2. Modellierung eines Warenkorbes

Ein Modell ist eine vereinfachte Darstellung eines Ausschnitts der Realität. Die Reduzierung kann dabei den Maßstab umfassen, aber auch den Detailgrad. Moderne Softwareentwicklung wird in den meisten Fällen arbeitsteilig betrieben. Daher ist es sinnvoll, bei der Modellierung eine gemeinsame Sprache zu benutzen. Die Standardisierung kann sich beziehen auf die Notation, die Syntax wie auch die Semantik. Insbesondere durch die Verbreitung der objektorientierten Programmiersprachen ist die *Unified Modelling Language* (UML) zu einer weitverbreiteten Modellierungssprache geworden. Eine spezielle Organisation, die *Object Management Group*, verwaltet die Sprachelemente und sorgt auch für die notwendige Weiterentwicklung.

Zentrales Element im objektorientierten Design ist das Klassendiagramm. Klassen sind Templates für Objekte, die aus ihnen abgeleitet werden. Im Klassendiagramm werden neben dem Klassennamen die Eigenschaften (Attribute) festgehalten, sowie die Funktionen (Methoden), die diese ausüben können.

In diesem Beispiel werden die beiden Klassen Artikel und Warenkorb konstruiert. Die Klassennamen werden entsprechend den Namenskonventionen großgeschrieben. Auf den Klassennamen folgen die Attribute der Klasse, die mit ihren Modifikatoren sowie den Variablentypen genannt werden. In Kapitel 3.2 wird darauf weiter eingegangen. Anschließend werden die Methoden genannt, jeweils mit ihren Parametern und ihren Rückgabewerten. Abbildung 1 zeigt die Klasse Artikel, und Abbildung 2 die Klasse Warenkorb.

In vielen Fällen stehen die Klassen in einer Beziehung zueinander: so kann eine Klasse bestimmte Attribute von einer übergeordneten Klasse übernehmen, die sogenannte *Vererbung*. Ein anderer Beziehungstyp ist die *Assoziation*: die Objekte dieser Klassen kennen sich, existieren aber unabhängig voneinander. Diese Eigenschaft wird durch eine verbindende Linie ausgedrückt. An den Endpunkten der Linie zeigt eine spezielle Notation die *Kardinalität* der Beziehung auf: sie gibt an, welches zahlenmäßige Verhältnis zwischen den Objekten besteht. So gehört jede Bestellung zu einem Kunden, aber ein Kunde kann viele Bestellungen aufgeben (1:n Beziehung). Eine besondere Form der Assoziation ist die *Aggregation*. Sie beschreibt Relationen der Form „besteht aus". Im Gegensatz zur *Komposition* bleibt die zugeordnete Klasse erhalten, wenn das „Behälterobjekt" gelöscht wird: Artikel existieren (als Lagerposition) auch ohne Warenkorb. Die Aggregation wird als Linie mit einer nicht ausgefüllten Raute am Container-Objekt dargestellt.

Klassendiagramme können bei der Analyse wie auch in der Implementierung eingesetzt werden. Allerdings zeigen sie nur eine statische Sicht auf das System. In vielen Fällen werden die Klassendiagramme daher ergänzt um eine dynamische Sicht. Hierfür stellt die UML die *Sequenzdiagramme* bereit. Kernstück des Sequenzdiagramms ist es, die Methodenaufrufe der Objekte darzustellen. Dies erfolgt in exemplarischer Weise, es wird also keine vollständige Beschreibung aller möglichen Zustände angestrebt[4].

---

[4] Rumpe, Bernhard (2011), Kapitel 6

## 3. Die Programmiersprache Java

### 3.1 Überblick

Die Programmiersprache Java gehört zu den meist verwendeten modernen Programmiersprachen. Sie wurde bei der Firma Sun entwickelt. Nach deren Übernahme durch Oracle liegen die Rechte nun bei diesem Unternehmen. Es gibt verschiedene Versionen (Enterprise Edition, Standard Edition usw.)[5]. Alle haben sie gemeinsam, dass die Sprache plattformunabhängig ist: nach der Erfassung des Quellcodes erfolgt im Java-Compiler die Kompilierung. Bei der Ausführung wird dieser Code in einer virtuellen Maschine, dem *Java Runtime Environment*, ausgeführt. Java ist eine strikt objektorientierte Sprache, daher sind die Kernbestandteile eines Programms die *Klassen*. Mehrere Klassen können zu einem *Paket* zusammengefasst werden, die Pakete wiederum zu einem *Projekt*.

### 3.2 Klassenbildung und Objektorientierung

Klassen sind Schablonen (Templates), aus denen die Objekte abgeleitet werden, die sogenannte Instanziierung. Damit kann die Realität in einer abstrahierten Form beschrieben werden. Technisch erfolgt die Objekterzeugung durch *Konstruktoren*, die für eine Klassen erstellt werden. Klassen werden *Attribute* zugeordnet, die die Eigenschaften von Objekten abbilden. Über Modifikatoren wird die Sichtbarkeit von Attributen festgelegt. Durch den Modifikator *private* wird die Sichtbarkeit auf die eigene Klasse beschränkt, und damit dem Prinzip der Kapselung (Geheimnisprinzip) Rechnung getragen: damit werden die Zugriffsmöglichkeiten auf ein Minimum eingeschränkt und kontrollierbar gestaltet[6]. Die eigentliche Verarbeitung der Daten erfolgt in Java durch die *Methoden*. Sie bestehen aus einem Kopf, der Rückgabetyp, den Namen und die Parameter enthält, sowie dem Rumpf, der die auszuführenden Methoden definiert. Eine spezielle Gruppe von Methoden wird als *Klassen*methode definiert, kann also ohne Objektbildung aufgerufen werden; es erfolgt eine Deklaration durch den Modifikator *static* (der auch für *Klassen*variablen benutzt wird).

---

[5] Hölzl, Matthias/ Raed, Allaithy/ Wirsing, Martin (2013), Kapitel 1.1.1
[6] Hölzl, Matthias/ Raed, Allaithy/ Wirsing, Martin (2013), Kapitel 3.6

3.3 Datencontainer und ihre Nutzung

Die von einem Programm zu verarbeitenden Daten werden in Variablen gespeichert. Java kennt neben den primitiven Typen (zu denen u.a. ganze Zahlen oder Fliesskommazahlen gehören) *Referenztypen*[7], zu denen Arrays und Interfaces gehören. Damit ist es möglich, für die jeweilige Anwendung einen passenden Datentyp zu konstruieren oder aber sich bereits definierter Typen zu bedienen. In einem Warenkorb muss eine Vielzahl von Artikel gespeichert werden können. Hierfür kann z.b. ein Array verwendet werden: diese Struktur speichert Daten eines bestimmten Typs, die über einen Index erreicht werden können. Arrays sind statische Strukturen, d.h. bei ihrer Konstruktion muss die Größe festgelegt werden. Bei einem Warenkorb ist dies aber im Vorfeld der Kaufentscheidung nicht absehbar. Damit eignet sich diese Struktur nur sehr bedingt. Es empfiehlt sich daher, auf eine spezielle Java-Bibliothek zuzugreifen. Das Collections Framework[8] stellt verschiedene Datencontainer bereit, die beispielsweise nur jeweils ein gleiches Element enthalten könne oder eine Sortierung vornehmen. Technisch wird dies durch verschiedene Interfaces wie *Map* oder *Set* realisiert, aus denen dann die zur Anwendung kommenden Klassen abgeleitet werden. Für das Anwendungsbeispiel relevant ist das List-Interface, aus dem u.a. die Klasse ArrayList gebildet werden kann. Diese Klasse erlaubt eine dynamische Skalierung der Array-Größe und zudem einen schnellen Zugriff auf die Elemente. Nachteilig ist die vergleichsweise zeitaufwendige Änderung, d.h. wenn große Warenkörbe z.B. im B2B-Bereich vorliegen, kann die Klasse LinkedList vorteilhaft sein. Diese Erörterungen zeigen, dass bei der Implementierung einer Programms der Programmierer ein umfassendes Verständnis der zugrundeliegenden betriebswirtschaftlichen Sachverhalte haben muss (hierfür hat sich der Ausdruck *Domain Driven Design* eingebürgert).

---

[7] Hölzl, Matthias/ Raed, Allaithy/ Wirsing, Martin (2013), Kapitel 6
[8] Hölzl, Matthias/ Raed, Allaithy/ Wirsing, Martin (2013), Kapitel 10

## 4. Implementierung eines Warenkorbes in Java

Im Bereich des E-Commerce werden die von einem Kunden ausgewählten Artikel in einem Warenkorb gesammelt. Die Shop-Systeme erlauben es, bei der Auswahl die Anzahl der Artikel zu modifizieren, Artikel wieder zu streichen und dabei den Kunden über Einzel- und Gesamtpreise zu informieren. Den Abschluss dieses Prozesses stellt die (verbindliche) Bestellung dar. Im Rahmen dieser Arbeit wird aus dem Gesamtsystem eine Auswahl der Teilbereiche Artikel und Warenkorb getroffen und im Folgenden in Java programmiert.

### 4.1 Die Klasse Artikel

Das Klassendiagramm (Abbildung 1) gibt einen Überblick über die Klasse Artikel; die Erläuterungen folgen dem Diagramm:

- Die **Attribute** der Klasse wurden mit Ausnahme des Zählers mit dem Modifikator *private* versehen. Damit wird dem Prinzip der Datenkapselung Rechnung getragen. Die Bestellnummer wird als numerisch behandelt.

- Der Standard**konstruktor** wird durch einen spezifischen Konstruktor ergänzt; damit kann bei der Instanziierung direkt auf die Parameter zugegriffen werden.

- Artikel können außerdem durch eine spezifische ***Methode*** generiert werden.

  Der Zugriff auf die Attribute erfolgt durch die entsprechenden Getter-und Setter Methoden

  Der Programmcode ist in Abbildung 3 dargestellt; er wurde mit der IDE *Eclipse* erzeugt.

## 4.2 Die Klasse Warenkorb

Zentrale Frage bei der Realisierung der Klasse Warenkorb ist die Wahl des Datencontainers für die Artikel, also den eigentlichen Warenkorb. In Kapitel 3.3 wurde bereits ein Überblick über die verschiedenen Möglichkeiten gegeben. Aus den genannten Gründen wurde die Klasse ArrayList des Interfaces List gewählt. Im nächsten Schritt wurden verschiedene Methoden definiert, die dem Hinzufügen oder Löschen von Bestellpositionen dienen. Ebenso wurde eine Methode hinzugefügt, die der Preisberechnung dient. Ein Zähler für die Anzahl verschiedener Artikel wurde als static und damit als Klassenattribut definiert. Abbildung 2 gibt einen Überblick über die Komponenten der Klasse, Abbildung 4 zeigt den korrespondierenden Programmcode.

## 4.3 Die Klasse Main

In der Klasse Main werden die definierten Klassen und Methoden zur Anwendung gebracht. Dabei wird im 1. Schritt die Befüllung des Warenkorbs durch die Funktion *addArtikel* durchgeführt (Abbildung 5). Mit der Methode *ausgabe* wird der jeweilige Warenkorb an die print-Funktion gegeben, dabei wird die ArrayList mit einer for each-Schleife ausgelesen. Die Methode *warenkorbBerechnennetto* erstellt aus der Artikelanzahl, dem Bruttopreis sowie dem Steuersatz den Nettobetrag pro Bestellposition und anschließend den Gesamtbetrag. Dabei kommt wieder die for each-Schleife zum Einsatz. Bei der Ausgabe wird die print format-Funktion eingesetzt, die für einen Ausdruck mit 2 Nachkommastellen sorgt. Einen alternativen Weg zeigt die Abbildung 6: Hier erfolgt die Eingabe neuer Artikel durch Anwendung des Konstruktors Warenkorbs. Außerdem wird hier die Methode *remove* demonstriert, mit der Artikel aus dem Warenkorb entfernt werden können. Für Ausgabe und Berechnung werden die schon bekannten Methoden verwendet.

**5. Fazit und Ausblick**

Der enorme Zuwachs im Online-Handel hat zu einer großen Verbreitung von Shop-Systemen geführt. Damit verbunden ist auch eine entsprechende Vielfalt technischer Lösungen. Ein Unternehmen in dieser Branche hat grundsätzlich die Wahl zwischen einer Eigenprogrammierung und dem Erwerb bzw. der Lizensierung einer fertigen Shop Lösung. So bietet z.b. das Unternehmen Shopify Cloud-basierte Lösungen für eine Vielzahl von Anwenden an[9]. Auch bei einer Entscheidung für die eigene Programmierung bestehen viele Wahlmöglichkeiten. Anstelle von Java kann beispielsweise eine webbasierte Lösung auf Basis HTML/CSS/JavaScript treten; durch Frameworks wie Bootstrap sind hier der Erstellungs- und Testaufwand deutlich niedriger anzusetzen. Im Folgenden werden Erweiterungsmöglichkeiten auf Basis der hier präsentierten Java-Lösung diskutiert:

1. Zuerst müssen die Artikel erfasst werden. Eine einfache Erfassung mit Hilfe der Scan-Funktion ist in Abbildung 7 skizziert. Diese Vorgehensweise ist sehr personalintensiv und eignet sich nur für kleine Artikelsortimente. Für eine professionelle Lösung ist die Integration einer Produkt-Datenbank unabdingbar. Hierfür wird ein *Datenbankmanagementsystem*[10] eingesetzt. Java stellt mit dem Paket *java.sql* eine Schnittstelle bereit, die den Zugriff auf verschiedene relationale Datenbanken ermöglicht. Ein spezifisches Application Programming Interface (API) stellt die für den Datenaustausch notwendigen Klassen und Methoden bereit, die sowohl dem Aufbau der Artikeldatenbank dienen (einschließlich der späteren Pflege), wie auch ein komfortables Suchen und Sortieren ermöglichen. Eine spezielle Klasse ermöglicht die Konstruktion einer grafischen Benutzeroberfläche (GUI), die ein einfaches Handling unterstützt.

2. Bei einer professionellen Lösung sollten auch Methoden implementiert werden, die Fehleingaben erkennen und behandeln: entweder durch einen Hinweis an den Benutzer, oder aber durch eine Autokorrektur.

---

[9] https://www.shopify.de/kostenloser-test?term=shopify&Network=Search&SiteTarget=&mt=e&adid=282995286915&adpos=1t1&CampaignId=1095225834&branded_enterprise=1&BOID=brand&gclid=EAIaIQobChMI4uqQIJ-w3gIVhLfACh15PAf7EAAYASAAEgINhPD_BwE

[10] Abts, Dietmar (2016) Kapitel 12

3. Hierfür kann die try/catch-Methode eingesetzt werden, die im Falle eines Fehlers zu einer definierten Reaktion führt: prinzipiell gehören solche Fehler der Klasse Throwable an, die ihrerseits verschiedene Unterkategorien hat. Fehler können vom Programm aufgefangen werden (catch) oder aber weitergegeben werden (throw).

4. Schließlich erwartet der Nutzer auch eine Benutzeroberfläche, die eine effiziente und fehlerfreie Bedienung des Programms ermöglicht. Hierfür stehen in Java verschiedene Bibliotheken zur Verfügung. Historisch betrachtet kommt an erster Stelle das *Abstract Window Toolkit* (AWT) zum Tragen, dass viele Bedienelemente (Buttons, Auswahllisten) zur Verfügung stellt. Aufbauend auf AWT-Komponenten sind die Klassen der Swing-Bibliothek verfügbar, die eine systemunabhängige Darstellung der GUI-Elemente ermöglichen. Die neuste Entwicklung stellt JavaFX dar, hier kann die grafische Gestaltung durch Integration der *Cascading Style Sheets* Komponenten aus dem Web-Umfeld integrieren. Bei der Vielzahl der Anbieter ist eine komfortable und schnelle Bedienung durch den User verkaufsentscheidend.

# Literaturverzeichnis

Abts, Dietmar (2016): Grundkurs Java, Springer Verlag, ebook

Abts, Dietmar, Mülder, Wilhelm (2017): Grundkurs Wirtschaftsinformatik, Springer Verlag, ebook

Hansen, Hans Robert/ Mendling, Jan/ Neumann, Gustaf (2015): Wirtschaftsinformatik, ebook

Hölzl, Matthias/ Raed, Allaithy/ Wirsing, Martin (2013): Java kompakt, Springer Verlag, ebook

Rumpe, Bernhard (2011): Modellierung mit UML, Springer Verlag, ebook

Shopify, https://www.shopify.de/kostenloser-test?term=shopify&Network=Search&SiteTarget=&mt=e&adid=28299528691 5&adpos=1t1&CampaignId=1095225834&branded_enterprise=1&BOID=brand&gclid=EAIaIQobChMI4uqQIJ-w3gIVhLfACh15PAf7EAAYASAAEgINhPD_BwE, Abruf vom 5.11. 2018.

# Abbildungsverzeichnis

Abbildung 1

Klassendiagramm Artikel

| Artikel | | |
|---|---|---|
| - | artikelbezeichnung: | String |
| - | artikelnummer: | int |
| - | preis: | double |
| - | steuersatz: | double |
| + | anzahl: | int |
| C | Artikel() | |
| C | Artikel (art String,artnum double, preis double, steu double, anz int) | |
| + | setArtikelbezeichnung(artikelbezeichnung String): | void |
| + | getArtikelbezeichnung(): | String |
| + | setArtikelnummer(artikelnummer int): | void |
| + | get Artikelnummer(): | int |
| + | setPreis(preis double): | void |
| + | getPreis(): | double |
| + | setSteuersatz(steuersatz double): | void |
| + | getSteuersatz(): | double |
| + | artikelErzeugen(String artikelbezeichnung,double preis, double steuersatz,int artikelnummer,int anzahl | Artikel |

Eigene Abbildung

14

Abbildung 2

Klassendiagramm Warenkorb

| Warenkorb | | |
|---|---|---|
| + | summePreis | double |
| + | gesamtPreis | double |
| + | Artikel Liste | ArrayList |
| | | |
| C | Warenkorb() | |
| + | addArtikel(Artikel neuerArtikel) | void |
| + | removeArtikel(Artikel artikel) | void |
| + | ausgabe() | void |
| + | warenkorbBerechnennetto() | void |

Eigene Abbildung

Abbildung 3

Programm Klasse Artikel

Eigene Abbildung

# Abbildung 4

## Programm Klasse Warenkorb

```java
Main.java    Warenkorb.java    *Artikel.java
1  package Warenkorb;
2
3  import java.util.ArrayList;
4
5
6
7  public class Warenkorb {
8
9      // Attribute
10
11     //public int warenkorbNummer;
12     public double summePreis;
13     public double gesamtPreis;
14
15     public ArrayList<Artikel> artikelListe;
16
17     // Konstruktor
18
19     public Warenkorb() {
20         artikelListe = new ArrayList<Artikel>();
21
22     }
23     // Methoden
24
25     public void addArtikel(Artikel neuerArtikel) {
26         artikelListe.add(neuerArtikel);
27         return;
28     }
29
30     public void removeArtikel(Artikel artikel) {
31         artikelListe.remove(artikel);
32     }
33
34     public void ausgabe() {
35         for (Artikel artikel : artikelListe) {
36             System.out.println("\nArtikelangaben: " + artikel.getArtikelbezeichnung() + " Anzahl: " + artikel.anzahl);
37         }
38     }
39
40
41
42     public void warenkorbBerechnennetto() {
43
44         double summePreis=0.0;
45         for ( Artikel artikel : artikelListe) {
46
47             summePreis = summePreis + (artikel.getPreis()*artikel.anzahl*artikel.getSteuersatz()/100.0 + artikel.getPreis()*artikel.anzahl);
48             gesamtPreis = gesamtPreis + summePreis;
49
50
51         System.out.println("Gesamtpreis netto pro Artikel:");
52         System.out.format("%18s: %5.2f Euro\n\n", artikel.getArtikelbezeichnung(), summePreis);
53         summePreis= 0.0;
54
55         }
56
57         System.out.format("%18s: %5.2f\n", "Gesamtsumme" , gesamtPreis);
58     }
59
60  }
61
62
```

Eigene Abbildung

17

Abbildung 5

Programm Klasse Main 1

```
Main.java ☒  ⒥ Warenkorb.java    ⒥ Artikel.java                                    ▭ ◻
1  package Warenkorb;
2
3
4
5  public class Main {
6
7⊖     public static void main(String[] args) {
8
9          Warenkorb warenkorb1 = new Warenkorb();
0
1
2
3
4          //Kunde 1
5          warenkorb1.addArtikel(Artikel.artikelErzeugen("Lineal", 1.99, 19, 4711,2));
6          warenkorb1.addArtikel(Artikel.artikelErzeugen("Stempel", 2.59, 19, 4715,3));
7          warenkorb1.addArtikel(Artikel.artikelErzeugen("Spitzer", 4.99, 19, 4751,1));
8
9
0          warenkorb1.ausgabe();
1
2          System.out.println();
3
4          warenkorb1.warenkorbBerechnennetto();
5
6          //Kunde 2
7
8          /*Warenkorb warenkorb2 = new Warenkorb();
9
0
1          Artikel zirkel = new Artikel("Zirkel", 8.49, 19, 5671, 2);
2          Artikel bleistift = new Artikel("Bleistift", 0.99, 19, 3418, 10);
3
4          warenkorb2.addArtikel(bleistift);
5          warenkorb2.addArtikel(zirkel);
6
7          warenkorb2.removeArtikel(zirkel);
8
9
0          warenkorb2.ausgabe();
1
2          //warenkorb2.warenkorbBerechnennetto();*/
3
4
5
6
7     }
8
9 }
0
```

```
🖳 Console ☒
<terminated> Main (3) [Java Application] C:\Program
Warenkorb Kunde
----------------

Artikelangaben: Lineal Anzahl: 2

Artikelangaben: Stempel Anzahl: 3

Artikelangaben: Spitzer Anzahl: 1

Bestellung aufgeben?


Gesampreis netto pro Artikel:
          Lineal:  4,74 Euro

Gesampreis netto pro Artikel:
          Stempel:  9,25 Euro

Gesampreis netto pro Artikel:
          Spitzer:  5,94 Euro

          Gesamtsumme: 19,92 Euro
```

Eigene Abbildung

Abbildung 6

Programm Main 2

```
[J] Main.java ::  [J] Warenkorb.java   [J] Artikel.java                                    □    □ Console ::
  1 package warenkorb;                                                           ∧    <terminated> Main (3) [Java Application] C:\Progra
  2                                                                                    Warenkorb Kunde
  3                                                                                    ---------------
  4
  5 public class Main {                                                                Artikelangaben: Bleistift Anzahl: 10
  6
  7⊖    public static void main(String[] args) {                                        Bestellung aufgeben?
  8
  9        /*Warenkorb warenkorb1 = new Warenkorb();
 10                                                                                     Gesampreis netto pro Artikel:
 11                                                                                         Bleistift: 11,78 Euro
 12
 13                                                                                         Gesamtsumme: 11,78 Euro
 14        //Kunde 1
 15        warenkorb1.addArtikel(Artikel.artikelErzeugen("Lineal", 1.99, 19, 4711,2));
 16        warenkorb1.addArtikel(Artikel.artikelErzeugen("Stempel", 2.59, 19, 4715,3));
 17        warenkorb1.addArtikel(Artikel.artikelErzeugen("Spitzer", 4.99, 19, 4751,1));
 18
 19
 20        warenkorb1.ausgabe();
 21
 22        System.out.println();
 23
 24        warenkorb1.warenkorbBerechnennetto();*/
 25
 26        //Kunde 2
 27
 28        Warenkorb warenkorb2 = new Warenkorb();
 29
 30
 31        Artikel zirkel = new Artikel("Zirkel", 8.49, 19, 5671, 2);
 32        Artikel bleistift = new Artikel("Bleistift", 0.99, 19, 3418, 10);
 33
 34        warenkorb2.addArtikel(bleistift);
 35        warenkorb2.addArtikel(zirkel);
 36
 37        warenkorb2.removeArtikel(zirkel);
 38
 39
 40        warenkorb2.ausgabe();
 41
 42        warenkorb2.warenkorbBerechnennetto();
 43
 44
 45
 46
 47    }
 48
 49 }
 50
```

Eigene Abbildung

19

## Abbildung 7

Eigene Abbildung Eigene Abbildung

```java
Main.java    Warenkorb.java    Artikel.java    Erfassung.java

 1  package Warenkorb;
 2
 3  import java.util.Scanner;
 4
 5  public class Erfassung extends Artikel {
 6
 7      private static Scanner scan1;
 8
 9      public static void main(String[] args) {
10          System.out.println("Bitte geben Sie die Artikelbezeichnung ein");
11
12
13          scan1 = new Scanner(System.in);
14          String artikelbezeichnung = scan1.nextLine();
15
16          System.out.println("Sie haben den Artikel " + artikelbezeichnung + " erfasst.");
17
18
19      }
20
21  }
22
```

Eigene Abbildung

# BEI GRIN MACHT SICH IHR WISSEN BEZAHLT

- Wir veröffentlichen Ihre Hausarbeit,
  Bachelor- und Masterarbeit

- Ihr eigenes eBook und Buch -
  weltweit in allen wichtigen Shops

- Verdienen Sie an jedem Verkauf

Jetzt bei www.GRIN.com hochladen
und kostenlos publizieren